여행이 쉬워지는 해외여행 필수품

WATER
PROOF

여행영어
100일의 기적

생존북

문성현 지음

Hello!

Let's Go!

KB131424

여행 갈 때 꼭 필요한 생존 문장 1,000개 수록

방수
플라스틱북

360° 펼침
스프링북

휴대용
핸드북

1,000문장
MP3

넥서스

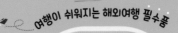

여행이 쉬워지는 해외여행 필수품

여행영어
100일의기적
생존북

MP3 듣는 방법

• QR코드 이용

우리말 &
원어민 MP3

휴대폰에서 QR코드 리더기로 아래 QR코드를 인식하면 이 책의 MP3를 한 번에 들을 수 있는 페이지가 나옵니다.

MP3는 우리말과 원어민 음성을 함께 들을 수 있어 책 없이도 학습이 가능합니다.

• 넥서스 홈페이지 이용

컴퓨터로 www.nexusbook.com에 접속하면 압축된 MP3 파일을 한 번에 다운받을 수 있습니다.

다운받은 파일은 핸드폰으로 이동하여 자유롭게 이용 가능하나 본 도서 학습 외 타목적으로 이용은 불가합니다.

❶ '넥서스 홈페이지' 접속 www.nexusbook.com
❷ 도서명으로 검색 후 다운로드 탭 클릭

www.nexusbook.com

넥서스북

Q 여행영어100일의기적

베스트셀러

새로나온책

One way or round trip?
편도로 드릴까요,
왕복으로 드릴까요?

Round trip, please.
왕복으로 주세요.

티켓 고르기

MP3 듣기

좌석 등급은 어떤 걸로 하시겠어요?	Which class would you like?
일반석으로 부탁합니다.	Economy class, please.
비즈니스석으로 부탁합니다.	Business class, please.
편도로 주세요.	One way, please.
직항편이 있나요?	Is there a non-stop flight?
경유지가 있나요?	Is there a layover?
시카고를 경유하시게 됩니다.	You have a layover in Chicago.
경유지에서 얼마나 대기하나요?	How long is the layover?

UNIT 04

✈ 출국

I'd like to confirm my reservation.
항공권 예약을 확인하고 싶어요.

What's your reservation number?
예약 번호가 어떻게 되나요?

티켓 변경

MP3 듣기

예약을 변경하고 싶습니다.	I'd like to change my reservation.
예약을 취소하고 싶습니다.	I'd like to cancel my reservation.
항공편을 취소하려고 전화했어요.	I'm calling to cancel my flight.
항공편 날짜를 바꿀 수 있나요?	Can I change the date for my flight?
항공편 시간을 변경하고 싶어요.	I'd like to reschedule my flight.
날짜를 5월 18일로 변경하고 싶어요.	I'd like to change it to May 18th.
더 이른 항공편으로 바꿀 수 있을까요?	Can I change to an earlier flight?
하루 늦게 출발하고 싶습니다.	I'd like to leave one day later.

8

May I have your e-ticket and passport?
전자항공권과 여권을 보여 주시겠습니까?

Check in, please.
체크인하려고 하는데요.

공항 체크인

MP3 듣기

대항항공 체크인 카운터는 어디에 있나요?	Where is the check-in counter for Korean Airlines?
항공권을 온라인으로 예약했어요.	I have booked my flight online.
창가 쪽과 통로 쪽 좌석 중에 어떤 것을 드릴까요?	Do you want a window seat or an aisle seat?
창가 쪽 좌석 주세요.	Window seat, please.
통로 쪽 좌석 주세요.	Aisle seat, please.
선호하시는 좌석이 있으세요?	Do you have a seating preference?
앞쪽 좌석에 앉고 싶어요.	I'd like to sit in the front.
일행과 함께 앉고 싶어요.	I'd like to sit with my company.

UNIT 06

✈ 출국

Do you have any baggage to check?
부치실 가방 있으신가요?

Yes, I have 2 suitcases.
네, 짐 가방 두 개요.

수하물 부치기

MP3 듣기

가방을 몇 개 부치실 건가요?	How many bags will you check?
하나 부칠 겁니다.	I'm checking one bag.
이건 휴대할 가방입니다.	This is a carry-on bag.
이거 가지고 탈 수 있나요?	Can I take this on board?
가방 무게가 1kg을 초과했습니다.	Your baggage is 1 kg overweight.
무게 제한이 얼마죠?	What's the weight limit?
추가 요금을 내셔야 합니다.	You have to pay an extra charge.
추가 요금이 얼마인가요?	How much is the extra charge?

UNIT 07
✈ 출국

> Do you have any metal in your pockets?
> 주머니에 금속류가 있나요?

> No, I have nothing in my pockets.
> 아뇨, 주머니에 아무것도 없습니다.

보안 검색

MP3 듣기

주머니를 비워 주세요.	Please empty your pockets.
신발과 벨트를 벗어 주세요.	Please take off your shoes and belt.
양팔을 벌려 주세요.	Please spread your arms.
뒤로 물러서 주십시오.	Step back, please.
저를 따라 오시겠어요?	Can you come with me, please?
가방을 살펴봐도 되겠습니까?	May I search your bag?
이것은 기내 반입이 안 됩니다.	You can't take this on the plane.
그건 버리셔야 합니다.	You have to throw it away.

UNIT 08

✈ 출국

When does boarding begin?
탑승은 언제 시작하나요?

We will begin boarding soon.
곧 탑승을 시작하겠습니다.

탑승구에서

MP3 듣기

28번 탑승구가 어디인가요?	Where is gate 28?
여기가 파리행 탑승구 맞나요?	Is this the gate to Paris?
왜 탑승이 늦어지고 있나요?	Why is boarding delayed?
서울행 비행기를 놓쳤어요.	I missed my flight to Seoul.
일정을 변경해 드릴까요?	Do you need to reschedule?
다음 비행기는 언제 있나요?	When is the next flight?
다음 비행기에 탑승할 수 있나요?	Can I take the next flight?
다른 항공편이 있나요?	Are there any other flights available?

UNIT 09

✈ 출국

> **Excuse me. I think this is my seat.**
> 실례합니다. 여기 제 자리 같은데요.

> **Sorry. Can you change your seat with me?**
> 죄송한데 저와 자리를 바꿔 주실 수 있나요?

착석 준비

MP3 듣기

좌석 좀 확인해 주세요.	Please check my seat.
탑승권을 보여주시겠어요?	May I see your boarding pass?
저기 통로 쪽 좌석입니다.	It's over there on the aisle.
저기 창가 쪽 좌석입니다.	It's over there by the window.
통로를 따라 쭉 가세요.	Walk down the aisle.
좀 지나가도 될까요?	May I go through?
제가 먼저 들어가도 될까요?	May I go in first?
제 친구와 함께 앉고 싶어서요.	I'd like to sit together with my friend.

> **Can I go to the restroom now?**
> 지금 화장실에 가도 되나요?

> **Please remain in your seat.**
> 좌석에서 기다려 주세요.

이륙 준비

MP3 듣기

좌석벨트를 착용해 주십시오.	Please fasten your seat belt.
접이식 테이블을 접어주세요.	Please put up your tray table.
노트북을 꺼 주세요.	Please turn off your laptop.
가방을 좌석 밑으로 넣어 주세요.	Please keep your bag under your seat.
잠시 후 이륙합니다.	We'll be taking off shortly.
좌석을 뒤로 젖혀도 되나요?	Can I recline my seat?
좌석을 바꿔도 되나요?	Can I change my seat?
저기 빈 좌석으로 옮겨도 되나요?	Can I move to an empty seat over there?

UNIT 11
✈ 출국

> Would you like something to drink?
> 마실 것 좀 드릴까요?

> Orange juice, please.
> 오렌지 주스 주세요.

기내식 주문

MP3 듣기

물 좀 주시겠어요?	Can I have some water?
커피 좀 주세요.	I'd like some coffee, please.
기내식은 언제 제공되나요?	When is the meal served?
소고기와 닭고기 중 어떤 걸로 드릴까요?	Would you like beef or chicken?
소고기 주세요.	Beef, please.
지금은 먹고 싶지 않아요.	I don't feel like eating now.
저는 안 먹겠습니다.	I'd like to skip the meal.
식사 다 끝냈습니다.	I've finished my meal.

15

기내 서비스

헤드폰 좀 주시겠어요?	Can I have a headset?
헤드폰이 안 되는데요.	My headset is not working.
수면용 안대 좀 받을 수 있나요?	Can I get a sleeping mask?
속이 좀 안 좋아요.	My stomach doesn't feel good.
멀미가 나요.	I feel nauseous.
멀미약 있나요?	Do you have pills for airsickness?
펜 좀 빌릴 수 있을까요?	Can I borrow your pen?
면세품을 구입할 수 있나요?	Can I buy duty-free items?

UNIT 13
✈ 출국

I missed my connecting flight.
갈아탈 비행기를 놓쳤어요.

I'll check if we have another flight.
다른 비행편이 있는지 알아봐 드릴게요.

비행기 환승

MP3 듣기

저는 환승객입니다.	I'm a transit passenger.
환승 수속대는 어디인가요?	Where is the transfer counter?
저는 시카고행 환승객입니다.	I'm a transit passenger for Chicago.
샌프란시스코에서 경유합니다.	I have a stopover in San Francisco.
항공기를 갈아타야 합니다.	I have to take a connecting flight.
몇 번 탑승구로 가야 하죠?	Which gate should I go to?
항공기 번호가 어떻게 되세요?	What is your flight number?
제 편명은 KE023입니다.	My flight number is KE023.

UNIT 14

✈ 출국

> **What's the purpose of your visit?**
> 무슨 목적으로 방문하셨나요?

> **I'm just traveling.**
> 여행 중입니다.

입국 심사 1

여행하러 왔습니다.	I'm here for a trip.
관광하러 왔습니다.	I'm here for sightseeing.
사업차 왔습니다.	I'm here for business.
휴가차 왔습니다.	I'm here for vacation.
저희는 신혼여행 왔습니다.	We're on our honeymoon.
공부하러 왔습니다.	I'm here to study.
가족을 방문하러 왔습니다.	I'm here to visit my family.
친구를 만나러 왔습니다.	I'm here to visit my friend.

UNIT 15

✈출국

How long will you stay?
얼마 동안 머무실 겁니까?

I'm staying for a week.
일주일간 체류할 겁니다.

입국 심사 2

일주일 정도요.	For about a week.
약 5일 동안 머물 겁니다.	I'll stay for about five days.
어디에 머물 예정입니까?	Where are you going to stay?
친구 집에 있을 겁니다.	I'll stay at my friend's place.
친척 집에 머무를 겁니다.	I'll stay at my relative's.
힐튼 호텔에 머물 겁니다.	I'll stay at the Hilton Hotel.
처음 방문이신가요?	Is this your first visit?
아뇨, 이번이 두 번째입니다.	No, this is my second trip.

MP3 듣기

UNIT 16
✈ 출국

Where can I get my baggage?
제 수하물은 어디에서 찾나요?

May I see your baggage claim tag
수하물 표를 보여 주실래요?

수하물 찾기

MP3 듣기

수하물 찾는 곳이 어디죠?	Where is the baggage claim area?
제 짐이 아직 나오지 않았어요.	My baggage hasn't come out yet.
저기 짐이 나오네요.	I can see it coming.
가방 드는 것 좀 도와주시겠어요?	Can you help me with my bags?
제 짐을 잃어버린 것 같아요.	I think I lost my baggage.
짐을 어디서도 찾을 수가 없어요.	I can't find my baggage anywhere.
짐 찾는 것 좀 도와주실래요?	Can you help me find my baggage?
제 짐이 손상되었어요.	My baggage is damaged.

20

UNIT 17

✈ 출국

Do you have anything to declare?
신고하실 물건이 있나요?

Yes, I have two bottles of whiskey.
네, 위스키 두 병이 있어요.

세관 신고

MP3 듣기

신고하려면 어디로 가야 하나요?	Where should I go to declare?
신고할 물건이 있습니다.	I have something to declare.
시계를 신고하고 싶어요.	I want to declare my watch.
가방에 무엇이 들어 있나요?	What do you have in your bag?
제 개인용품입니다.	My personal belongings.
가방을 확인해도 될까요?	Can I check your bag, please?
친구에게 줄 선물입니다.	This is a gift for my friend.
이번에 산 게 아니에요.	I didn't buy it this time.

21

UNIT 18

✈ 출국

How would you like your money?
어떻게 교환해 드릴까요?

To US dollars, please.
미국 달러로 바꿔 주세요.

환전하기

MP3 듣기

환전소는 어디에 있나요?	Where is the money exchange?
이걸 유로로 환전하고 싶어요.	I'd like to exchange this for Euros.
이걸 미국 달러로 환전할 수 있나요?	Can you change this into US dollars?
이 지폐를 동전으로 바꿔 주실래요?	Could you change this bill into coins?
100달러와 20달러짜리로 주세요.	In hundreds and twenties, please.
10달러짜리로 주세요.	In ten dollars, please.
잔돈도 좀 섞어 주세요.	I'd like some change, please.
이 지폐를 잔돈으로 바꿔 주실래요?	Can I get change for this bill?

22

UNIT 21
🚌 교통

I'll let you know when we get there.
도착하면 알려 드릴게요.

Where should I get off?
어디에서 내려야 하나요?

버스 안에서

하이드 파크에 갑니까?	Do you go to Hyde Park?
킹 스트리트 가는 버스 맞나요?	Is this the right bus for King Street?
월 스트리트는 몇 정거장 남았나요?	How many stops to Wall Street?
시청 가려면 어디서 내려야 하나요?	Where should I get off for City Hall?
어디서 내려야 할지 알려 주실래요?	Can you tell me where to get off?
여기서 내리세요.	You should get off here.
내릴 정류장을 놓쳤어요.	I missed my stop.
다음 정류장에서 내릴게요.	I'll get off at the next stop.

MP3 듣기

Where to, sir?
어디로 모실까요?

Take me to this address, please.
이 주소로 데려다 주세요.

택시 타기

트렁크 좀 열어 주세요.	Open the trunk, please.
이 가방을 트렁크에 넣어 주실래요?	Can you put this bag in the trunk?
어디까지 가시나요?	Where would you like to go?
센트럴파크로 가 주세요.	Central Park, please.
힐튼 호텔로 가 주세요.	To the Hilton Hotel, please.
시청으로 가 주세요.	Please go to City Hall.
공항으로 데려다 주세요.	Please take me to the airport.
공항이요. 빨리 좀 가 주세요.	The airport. Make it quick, please.

UNIT 23
🚌 교통

> **Can you go any faster?**
> 좀 더 빨리 갈 순 없나요?

> **I'd like to, but the traffic is heavy.**
> 그리고 싶지만 차가 막히네요.

택시 안에서

MP3 듣기

얼마나 걸릴까요?	How long will it take?
속도 좀 줄여 주실래요?	Could you slow down, please?
서두르실 필요 없습니다.	There's no need to hurry.
빨리 가 주세요.	Please step on it.
차가 많이 막히네요.	There's a lot of traffic.
다음 모퉁이에서 우회전해 주세요.	Please turn right at the next corner.
다음 교차로에서 좌회전해 주세요.	Please turn left at the next intersection.
두 번째 신호등까지 가 주세요.	Go to the second light, please.

UNIT 24
🚌 교통

Can you stop over there?
저기에 세워 주실래요?

I'll drop you off near the bank.
은행 근처에서 내려 드릴게요.

택시 하차

여기서 내려 주세요.	Please let me out here.
여기서 내려 주실래요?	Would you pull over here?
다음 신호등에서 세워 주세요.	Please stop at the next light.
저 모퉁이에서 내려 주세요.	Please drop me off at that corner.
요금이 얼마인가요?	How much is the fare?
여기 있습니다.	Here you go.
잔돈은 괜찮습니다.	Keep the change.
짐 좀 꺼내 주실래요?	Can you take out my baggage?

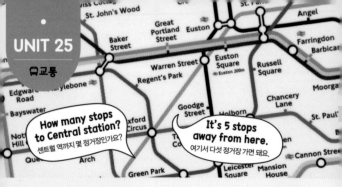

지하철역에서

이 근처에 지하철역이 있나요?	Is there a subway station near here?
가장 가까운 지하철역이 어디 있나요?	Where is the nearest subway station?
표는 어디에서 구입하나요?	Where can I buy a ticket?
몇 호선이 시내로 가나요?	Which line goes downtown?
몇 호선이 코리아타운으로 가나요?	Which line goes to Korea town?
시청까지 얼마인가요?	How much is it to City Hall?
시청까지 한 장 주세요.	One ticket to City Hall, please.
지하철 노선도 좀 얻을 수 있나요?	May I have a subway map?

29

UNIT 26

🚌 교통

Which line should I transfer to?
몇 호선으로 갈아타야 하나요?

You can transfer to line number 3.
3호선으로 갈아타시면 돼요.

지하철 환승

어디에서 갈아타야 하나요?	Where do I have to transfer?
어디에서 열차를 갈아타야 하나요?	Where should I change trains?
시청 역에서 열차를 갈아타세요.	You should transfer trains at City Hall.
반대편으로 가셔야 합니다.	You should go to the other side.
어느 역에서 내려야 하나요?	Which stop should I get off at?
유니온 역까지 몇 정거장 남았나요?	How many stops until Union station?
열차를 잘못 탔어요.	I got on the wrong train.
열차를 반대편에서 잘못 탔어요.	I took the train on the wrong side.

UNIT 27

🚌 교통

> **Is this the right train for Seattle?**
> 이 열차가 시애틀행이 맞나요?

> **Yes, you can take this train.**
> 네, 이 열차를 타시면 됩니다.

열차 타기

MP3 듣기

보스턴행 표 한 장 주세요.	A ticket to Boston, please.
보스턴행 가장 이른 열차는 언제 있나요?	When is the earliest train to Boston?
열차가 몇 시에 출발하나요?	What time does the train leave?
시드니까지 얼마죠?	What's the fare to Sydney?
런던행 열차는 어디에서 타나요?	Where can I take the train for London?
여기가 런던행 플랫폼이 맞나요?	Is this the right platform for London?
런던 가는 기차인가요?	Is this going to London?
런던행 기차가 맞나요?	Is this train bound for London?

UNIT 28

🚌교통

What kind of
car do you want?
어떤 차를 원하세요?

I'd like
an automatic SUV
오토형 SUV를 원해요.

렌터카 문의

MP3 듣기

차를 3일간 빌리고 싶어요.	I want to rent a car for three days.
어떤 종류의 차량이 있나요?	What kind of cars are available?
소형차로 부탁해요.	A compact car, please.
중형차로 부탁해요.	A mid-size car, please.
오픈카는 있나요?	Do you have any convertibles?
빌리기 전에 보고 싶어요.	I want to see it before I rent.
이 양식에 기입해 주세요.	Fill out this form, please.
운전면허증 좀 보여 주실래요?	Can I see your driver's license?

I'd like full coverage, please.
종합 보험으로 할게요.

Do you want insurance?
보험을 가입하시겠어요?

렌터카 옵션

MP3 듣기

보험에 들고 싶어요.	I'd like to get insurance.
보험료는 얼마죠?	How much is insurance?
대여 요금은 얼마인가요?	What's the rental fee?
보험료가 포함된 가격인가요?	Does it include insurance?
이 차로 할게요.	I'll take this car.
연체료는 얼마인가요?	How much is the late fee?
차량은 어디에 반납하나요?	Where should I return the car?
언제까지 반납해야 하나요?	When do I have to return it by?

🚌 교통

> **We are running out of gas.**
> 기름이 거의 떨어져가요.

> **Let's drop by the gas station.**
> 주유소에 들렀다 갑시다.

주유소에서

기름이 얼마 없어요.	We are low on gas.
근처에 주유소가 있나요?	Is there a gas station nearby?
얼마나 넣어 드릴까요?	How much gas would you like?
가득 넣어 주세요.	Fill it up, please.
40달러어치 채워 주세요.	Forty dollars, please.
차를 앞으로 빼 주실래요?	Can you move up a little, please?
엔진을 꺼 주세요.	Turn off the engine, please.
이 주유기는 어떻게 사용하나요?	How can I use this gas pump?

I can't start the engine.
시동이 걸리지 않아요.

I think the battery is dead.
배터리가 나간 것 같아요.

차량 고장

MP3 듣기

차에 문제가 있는 것 같아요.	There is something wrong with my car.
타이어가 펑크 났어요.	I have a flat tire.
타이어 좀 점검해 주실래요?	Would you check my tires?
엔진오일 좀 체크해 주실래요?	Could you check the engine oil?
헤드라이트가 나갔어요.	The headlights are out.
에어컨이 작동을 안 해요.	The AC is not working.
브레이크가 잘 듣지 않아요.	The brake doesn't work properly.
차에서 이상한 소리가 나요.	My car is making a funny noise.

🚌 교통

How did it happen?
어쩌다 그렇게 된 거야?

I got rear-ended by another car.
다른 차한테 받혔어요.

교통사고

자동차 사고가 났어요.	I had a traffic accident.
교통사고를 신고하려고 합니다.	I want to report a car accident.
누가 내 차를 들이받았어요.	Someone crashed into my car.
가벼운 접촉사고가 났어요.	I just had a fender bender.
정면충돌 사고였습니다.	It was a head-on collision.
제 차가 정면으로 받혔습니다.	My car was hit head-on.
저 차가 제 차의 측면을 받았어요.	That car hit mine broadside.
5중 연쇄충돌 사고를 당했어요.	I was in a five-car pileup.

Is anybody hurt?
다친 사람이 있나요?

I sprained my neck.
목을 삐었어요.

사고 내용

MP3 듣기

저 차가 갑자기 멈췄어요.	That car stopped suddenly.
저 차가 갑자기 튀어나왔어요.	That car came out of nowhere.
이 차가 뒤에서 나를 받았어요.	This car hit me from behind.
누가 주차된 내 차를 받았어요.	Someone hit my parked car.
제가 차량에 부딪혔어요.	I was hit by a car.
제 동승자가 다쳤어요.	My fellow passenger got hurt.
제가 피해자예요.	I'm the victim.
뺑소니 사고를 당했어요.	I was involved in a hit-and-run.

Do you have any insurance?
보험에 가입하셨나요?

I have travel insurance.
여행자 보험에 들었어요.

사고 처리

MP3 듣기

보험에 안 들었어요.	I don't have insurance.
렌터카 회사에 연락할게요.	I'm gonna call my car rental company.
큰일 났어요.	It's an emergency.
경찰 좀 불러 주세요.	Please call the police.
구급차 좀 불러 주세요.	Please call an ambulance.
여기 다친 사람이 있어요.	There is an injured person here.
견인차가 필요해요.	I need a tow truck.
견인 트럭을 보내 주실래요?	Can you send me a tow truck?

UNIT 39

🏠숙소

I want to add a room to my reservation.
예약한 것에 방 하나를 추가하려고 합니다.

Will there be any other changes?
다른 변경 사항은 없으세요?

예약 변경

예약을 확인하고 싶어요.	I'd like to confirm my reservation.
예약을 취소하고 싶습니다.	I'd like to cancel my reservation.
예약을 변경하고 싶어요.	I'd like to change my reservation.
방을 바꾸고 싶습니다.	I'd like to change my room.
날짜를 5월 10일로 변경하고 싶습니다.	I want to change the date to May 10th.
객실을 업그레이드 할 수 있나요?	Can I get a room upgrade?
하루 더 숙박하고 싶어요.	I'd like to stay one more night.
하루 일찍 떠나려고 합니다.	I'd like to leave one day earlier.

43

I'd like to check in, please.
체크인하려고 합니다.

Did you make a reservation?
예약하셨나요?

객실 체크인

MP3 듣기

온라인으로 예약을 했습니다.	I have made a reservation online.
'김수지'라는 이름으로 예약했어요.	It's under Susie Kim.
지금 체크인할 수 있나요?	Can I check in now?
숙박부를 작성해 주세요.	Please fill out the check-in slip.
손님의 방 번호는 904호입니다.	Your room number is 904.
체크인 시간은 몇 시죠?	What time is check-in?
일찍 체크인할 수 있나요?	Can I check in early?
체크인 할 때까지 짐 좀 맡길 수 있나요?	Can I leave my baggage until I check in?

UNIT 41

🏠 숙소

> **How much is it for one night?**
> 하룻밤에 얼마입니까?

> **It's $90 per night.**
> 하룻밤에 90달러입니다.

객실 요금

하룻밤 요금이 얼마인가요?	What's the rate for a night?
싱글 룸은 1박에 얼마인가요?	How much is a single room per night?
1박에 95달러입니다.	We charge $95 for one night.
조식이 포함되어 있나요?	Is breakfast included?
조식 포함한 하루 숙박비는 얼마인가요?	How much is one night with breakfast?
보증금 예치를 위해 신용카드 번호가 필요합니다.	We need your credit card number for a deposit.
보증금은 얼마인가요?	How much is the deposit?
보증금으로 250달러를 받습니다.	We require a $250 deposit.

45

Where is the restaurant?
식당은 어디에 있나요?

It's on the second floor.
2층에 있습니다.

편의시설 문의

MP3 듣기

식당이 어느 쪽인가요?	Which way is the restaurant?
여기 현금 자동 지급기가 있나요?	Do you have an ATM here?
여기에 스파가 있나요?	Is there a spa here?
편의점이 있나요?	Do you have a convenience store?
운동 시설은 몇 층에 있나요?	Which floor has the fitness center?
휴대폰 충전을 할 수 있나요?	Can I charge my phone?
와이파이 비밀번호가 뭐예요?	What's the Wi-Fi password?
와이파이가 안 돼요.	I can't connect to Wi-Fi.

UNIT 43

🏠 숙소

What time can I have breakfast?
조식은 몇 시에 먹을 수 있나요?

Breakfast starts at 7.
조식은 7시부터 시작합니다.

서비스 문의

아침식사는 어디서 하나요?	Where can I have breakfast?
아침식사는 몇 시까지 하나요?	What time does breakfast finish?
식당은 언제 오픈하나요?	When does the restaurant open?
룸서비스 받을 수 있나요?	Can I have room service?
비용은 제 방으로 달아 주세요.	Charge it to my room, please.
7시에 모닝콜 해 주실래요?	Can I get a wake-up call at 7?
픽업 서비스가 되나요?	Do you have pick-up service?
택시 좀 불러 주실래요?	Can you call me a taxi?

UNIT 44

숙소

> **Can I have an extra towel?**
> 수건 하나 더 주실래요?

> **Sure. I'll bring it right away.**
> 물론이죠. 바로 갖다 드릴게요.

객실 서비스

여보세요. 902호입니다.	Hello. This is room 902.
수건 몇 장 더 주실래요?	Can I have some more towels?
베개 하나 더 주실래요?	Can I get an extra pillow?
슬리퍼 좀 갖다 줄 수 있나요?	Can you bring me some slippers?
이불 하나 더 주실래요?	Can I have an extra blanket?
세탁 서비스 되나요?	Do you have laundry service?
돈을 내야 하나요?	Do you charge for this?
온도는 어떻게 조절하나요?	How can I adjust the temperature?

48

UNIT 45

🏠 숙소

> **Front desk.**
> **How may I help you?**
> 프런트 데스크입니다.
> 어떻게 도와 드릴까요?

> **This is room 502.**
> **There's no hot water.**
> 502호인데요. 뜨거운 물이 안 나와요.

객실 불편사항 1

TV가 안 켜져요.	I can't turn on the TV.
리모컨 작동법을 모르겠어요.	I don't know how the remote works.
에어컨이 고장 났어요.	The air conditioner doesn't work.
에어컨 좀 확인해 주실래요?	Can you check the AC?
히터가 작동하지 않아요.	The heater is not working.
방이 따뜻하지 않아요.	The room isn't warm enough.
전등이 안 켜집니다.	The light is not working.
창문이 안 열려요.	I can't open the window.

UNIT 46

🏠숙소

I'll send someone to fix it.
사람 보내서 고쳐 드리겠습니다.

The toilet won't flush.
변기 물이 안 내려가요.

객실 불편사항 2

화장지가 떨어졌어요.	We're out of toilet paper.
변기가 막혔어요.	The toilet is clogged.
변기가 넘칩니다.	The toilet is overflowing.
비데가 고장 났어요.	The bidet is not working.
세면대가 막혔어요.	The sink is blocked.
샤워기가 고장 났어요.	The shower doesn't work.
방키가 작동하지 않아요.	The room key doesn't work.
방에 키를 두고 문을 닫았어요.	I locked myself out.

Can I try this on?
이거 입어 봐도 되나요?

Sure. What size do you wear?
물론이죠. 몇 사이즈 입으세요?

옷 가게에서

MP3 듣기

100 사이즈 입어요.	I wear a size 100.
라지 사이즈 입어요.	I wear a large.
제 사이즈를 모르겠어요.	I don't know my size.
탈의실이 어디죠?	Where is the dressing room?
이번 겨울에 이게 유행입니다.	This is in fashion this winter.
어떤 게 더 나을까요?	Which looks better?
검정색이 더 좋아요.	I'd prefer a black one.
무척 잘 어울리시네요.	It looks great on you.

Do you have this in blue?
이거 파란색도 있나요?

Sorry. We don't have it in that color.
죄송해요. 그 색깔은 없네요.

다른 물건 요청

MP3 듣기

좀 더 큰 거 있나요	Do you have a bigger one?
더 작은 거 있나요	Do you have a smaller one?
다른 사이즈도 있나요?	Do you have another size?
빨간색도 있나요?	Do you have a red one?
이거 더 작은 사이즈 있나요?	Do you have this in a smaller size?
이거 더 큰 사이즈 있나요?	Do you have this in a larger size?
다른 색상을 보여주실래요?	Can you show me another color?
다른 스타일도 있나요?	Do you have any other style?

How do you like it?
마음에 드시나요?

It's too loose for me.
너무 헐렁한데요.

착용감 표현

MP3 듣기

잘 맞아요.	It fits me well.
너무 작아요.	It's too small for me.
가슴 부분이 조여요.	It's tight around my chest.
소매가 너무 짧아요.	The sleeves are too short.
너무 꽉 끼어요.	This is too tight for me.
(바지) 길이가 좀 짧아요.	They aren't long enough.
(바지) 골반 부분이 작아요.	They're tight in the hips.
(바지) 허리가 조금 헐렁해요.	They're a little loose around the waist.

🛒쇼핑

Can I get a discount?
할인받을 수 있나요?

What's your price range?
생각하는 가격대가
어떻게 되세요?

가격 흥정 1

MP3 듣기

너무 비싸네요.	It's too expensive.
생각했던 것보다 비싸네요.	It's more expensive than I thought.
구입할 여력이 안 돼요.	I can't afford that.
돈이 충분하지 않아요.	I don't have enough money.
좀 깎아 주실래요?	Can you come down a little?
얼마까지 할인해 줄 수 있나요?	What's your best price?
현금으로 내면 할인해 주시나요?	Can you give me a discount for cash?
현금으로 계산하면 깎아 줄 수 있나요?	If I pay in cash, can you lower the price?

This is
my last offer.
이 가격 이하는 안 됩니다.

I'll think about it.
Thank you.
생각 좀 해 볼게요. 감사합니다.

가격 흥정 2

MP3 듣기

가격이 괜찮네요.	That's a good price.
거저나 마찬가지예요.	That's a steal.
최대한 할인한 가격입니다.	That's my final price.
더 이상 깎아 드릴 수 없어요.	I can't come down any more.
할인 쿠폰이 있어요.	I have a discount coupon.
20퍼센트 깎아 드릴게요.	I'll give you a 20% discount.
나중에 다시 올게요.	I'll come back later.
좀 둘러보고 올게요.	I'll look around and come back.

UNIT 56

🛍 쇼핑

Is this on sale?
이거 세일 중인가요?

It's 20 percent off.
20% 할인 판매합니다.

구매 정보

MP3 듣기

이걸로 할게요.	I'll take this.
이것으로 사고 싶어요.	I'd like to buy this one.
이걸로 세 개 주세요.	I'd like three of these.
지금 세일하고 있나요?	Are you having a sale now?
이 품목들은 세일 중입니다.	These items are on sale.
재고 정리 세일 중입니다.	We're having a clearance sale.
하나 사시면 하나를 더 드려요.	Buy one and get one free.
가게 문을 몇 시에 닫나요?	What time do you close?

교환 · 반품

다른 제품과 교환하고 싶어요.	I'd like to exchange this, please.
다른 것으로 교환되나요?	Can I exchange it for another one?
사이즈를 바꿔도 되나요?	Can I change the size?
이거 반품하고 싶어요.	I'd like to return this.
작동이 잘 안 돼요.	It doesn't work properly.
여기 흠집이 있어요.	It's damaged here.
여기 얼룩이 있어요.	I found a stain here.
추가 요금이 있나요?	Is there an extra charge?

UNIT 58

🛒쇼핑

Can I get a refund for this?
이거 환불받을 수 있나요?

Do you have your receipt?
영수증 가지고 오셨어요?

환불하기

환불을 받고 싶어요.	I'd like a refund, please.
이거 환불해 주세요.	I'd like to get a refund for this.
아직 사용하지 않았어요.	I haven't used it at all.
영수증을 주시겠어요?	Can I have the receipt?
영수증 여기 있어요.	Here is my receipt.
영수증을 잃어버렸어요.	I lost my receipt.
영수증을 안 가져왔어요.	I'm afraid I didn't bring the receipt.
영수증 없으면 환불이 안 됩니다.	No receipt, no refund.

🛒 쇼핑

How would you
like to pay?
어떻게 지불하실 건가요?

I'll pay with
a credit card.
신용카드로
계산할게요.

계산하기

MP3 듣기

계산은 어디서 하나요?	Where is the cashier?
전부해서 100달러입니다.	The total comes to $100.
현금인가요, 신용카드인가요?	Cash or card?
현금으로 계산할게요.	I'll pay in cash.
신용카드 받으시나요?	Do you take credit cards?
할부는 어떻게 해 드릴까요?	How many installments?
3개월 할부로 해 주세요	Three months, please.
일시불로 할게요.	I'd like to pay in full.

🛍쇼핑

Paper or plastic?
종이봉투나
비닐봉지 드릴까요?

Paper bag,
please.
종이봉투에 넣어 주세요

포장·배달

포장해 주실래요?	Can you wrap this up?
선물 포장 해 주실래요?	Can I have it gift-wrapped?
같이 포장해 줄 수 있나요?	Can you wrap them together?
따로 포장해 주세요.	Please wrap them separately.
쇼핑백에 담아 주실래요?	Can you put it in a shopping bag?
종이가방 하나 주실래요?	Can I have a paper bag?
이거 넣을 박스 좀 주실래요?	Can I get a box for this?
배달해 주실 수 있나요?	Can I have it delivered?

UNIT 61

🛍 쇼핑

I'd like to send this to Korea.
이걸 한국으로 보내고 싶어요.

What's in the package?
소포 내용물이 뭔가요?

택배·우편

MP3 듣기

해외 배송 되나요?	Do you ship overseas?
이 소포를 한국으로 보내고 싶어요.	I'd like to send this package to Korea.
깨지는 물건이 있나요?	Is there anything fragile?
항공편, 아니면 선박편으로 할까요?	By air or surface mail?
선박편으로 해 주세요.	By surface mail, please.
얼마나 걸리나요?	How long will it take?
항공 우편으로 보내고 싶어요.	I'd like to send it by air mail.
우편 요금이 얼마인가요?	How much is the postage?

> Excuse me. Can I ask you for directions?
> 실례합니다. 길 좀 물어봐도 될까요?

> Sure. Where are you going?
> 물론이죠. 어디에 가시는데요

방향 묻기

길 좀 가르쳐 주시겠어요?	Can I get some directions?
차이나타운에 가는 길입니다.	I'm going to China Town.
그곳에 어떻게 가죠?	How can I get there?
박물관에 어떻게 가야 하나요?	How can I get to the museum?
이 주소로 어떻게 가나요?	How can I get to this address?
이쪽이 시청 가는 길인가요?	Is this the way to City Hall?
지도에서 위치를 알려 주시겠어요?	Can you show me on the map?
지하철역 가는 길 좀 알려 주실래요?	Can you show me the way to the subway station?

Which tour do you recommend?
어떤 투어 상품을 추천하시나요?

How about a bus tour around the city?
시내 버스 투어는 어떠세요?

투어 상품 문의

어떤 투어 상품들이 있나요?	What kind of tours do you have?
시내 투어가 있나요?	Do you have any city tours?
일일 관광 상품이 있나요?	Do you have a one-day tour?
반일 관광 상품 있나요?	Do you have a half-day tour?
투어는 몇 시에 시작하나요?	When does the tour begin?
투어는 얼마나 걸리나요?	How long is the tour?
예약을 해야 하나요?	Do I need a reservation?
버스 투어를 예약하고 싶어요.	I'd like to book a bus tour.

UNIT 66

📷 관광

What's the most popular tourist attraction?
가장 인기 있는 관광지가 어디에요?

Have you checked out the history museum?
역사 박물관에 가 보셨어요?

관광지 정보

관광 안내소는 어디 있나요?	Where is the tourist information center?
관광 안내 좀 받을 수 있을까요?	Can I get some information, please?
당일치기로 갈 만한 곳은 어딘가요?	Where can I go for a day trip?
구경하기 가장 좋은 곳이 어디죠?	What's the best place to see?
꼭 가 봐야 할 곳이 어딘가요?	What's the best place to visit?
쇼핑하기 좋은 장소는 어딘가요?	Where is a good place for shopping?
관광 지도가 있나요?	Do you have a tourist map?
이 지도에 표시해 주실래요?	Will you mark it on this map?

UNIT 67

📷 관광

> Two adults and one child, please.
> 어른 둘에 아이 하나입니다.

> It's free for children under 3.
> 3세 이하 유아는 무료입니다.

관광지 입구

MP3 듣기

입장료가 있나요?	Is there an entrance fee?
티켓은 어디서 사나요?	Where can I buy a ticket?
입장권은 얼마인가요?	How much is the ticket?
입장료는 얼마예요?	How much is the admission fee?
입장료는 얼마인가요?	What's the admission fee?
어른 표 두 장 주세요.	Two tickets for adults, please.
이거 무슨 줄인가요?	What is this line for?
실례지만, 줄 서고 계신 건가요?	Excuse me, are you in line?

공연장 입구

지금 뭐가 상영 중인가요?	What's playing now?
가장 인기 있는 공연은 뭐죠?	What's the most popular show?
남은 좌석이 있나요?	Are there any seats left?
5시 공연 표 두 장 주세요.	Two tickets for the 5 o'clock show.
어른 둘에 청소년 둘이요.	Two adults and two youth.
오디오 가이드 대여할 수 있나요?	Can I rent an audio guide?
온라인으로 예매했어요.	I have booked online.
몇 시부터 입장할 수 있나요?	What time can I get in?

When does the show start?
공연은 언제 시작하나요?

It starts in 30 minutes.
30분 후에 시작해요.

공연정보

MP3 듣기

공연 시간은 얼마나 되나요?	How long is the show time?
2시간 정도 진행됩니다.	It runs for about 2 hours.
몇 시에 시작하나요?	What time does it start?
몇 시에 끝나요?	What time does it end?
다음 공연은 몇 시에 있나요?	What time is the next show?
영화는 얼마 동안 상영되나요?	How long does the movie run?
누가 출연하나요?	Who's in it?
누가 주연인가요?	Who stars in it?

Where can I leave my bag?
가방 맡기는 곳이 어디죠?

You can check it over there.
저쪽에 맡기시면 됩니다.

공연장

MP3 듣기

이 자리 주인 있나요?	Is this seat taken?
여긴 제 자리인 것 같은데요.	I'm afraid this is my seat.
이 근처에 물품 보관소가 있나요?	Are there any lockers around here?
여기 제 자리 좀 봐 주실래요?	Can you save this seat for me?
잠시 제 자리 좀 맡아 주실래요?	Can you save my place for a minute?
옆 좌석으로 옮겨 줄 수 있나요?	Can you move to the next seat?
가방 좀 치워 줄 수 있나요?	Can you move your bag?
출구는 어디에 있나요?	Where is the exit?

Let's take a picture together.
우리 함께 사진 찍어요.

Are you ready?
Say "Cheese!"
준비됐나요? 자, 웃으세요.

사진 촬영 1

제 사진 좀 찍어 주실래요?	Can you take a picture of me?
저희 사진 좀 찍어 주실래요?	Can you take a picture of us?
이 버튼을 누르면 됩니다.	Just press this button.
한 장 더 부탁해요.	One more, please.
한 장 더 찍을게요.	Let me take one more.
가까이 모여 주세요.	Get closer together.
저랑 한 장 같이 찍으시겠어요?	Will you take a picture with me?
당신과 사진 좀 찍어도 될까요?	Can I take a picture with you?

Do you want me to take a picture of you?
사진 한 장 찍어 드릴까요?

Can you get that in the background
저 배경이 나오게 찍어 주실래요?

사진 촬영 2

인물 중심으로 찍어 주세요.	Please focus on my face.
우측으로 조금만 가 주세요.	Move a little to the right.
줌은 어떻게 해요?	How do you zoom?
좀 멀리서 찍어 주실래요?	Can you take it at a distance?
배경에 폭포가 나오게 해 주실래요?	Can you get the falls in the background?
여기서 사진 촬영해도 되나요?	Can I take some pictures here?
여기서 사진 찍으시면 안 됩니다.	You are not allowed to take pictures here.
플래시를 터뜨리지 마세요.	Don't turn on the flash.

🍴 식당

We need a little more time.
잠시만 기다려 주세요.

Are you ready to order?
주문하시겠어요?

주문 준비

MP3 듣기

메뉴판 좀 주실래요?	Can I have the menu, please?
지금 주문하시겠어요?	Would you like to order now?
아직 준비가 안 됐어요.	I'm not ready yet.
잠시만 기다려 주실래요?	Can you wait for a minute?
나중에 다시 오실래요?	Could you come back later?
아직 결정 못 했어요.	We haven't decided yet.
천천히 보세요. 다시 올게요.	Take your time. I'll come back.
주문 받아 주세요.	We are ready to order.

UNIT 78

🍽 식당

> **What do you recommend?**
> 메뉴 좀 추천해 주실래요?

> **How about the New York steak?**
> 뉴욕 스테이크는 어떠세요?

메뉴 묻기

여기는 뭘 잘하나요?	What's good here?
여기서 잘하는 요리가 뭔가요?	What's your specialty here?
추천해 주실 메뉴가 있으신가요?	Do you have any suggestions?
오늘의 특선 요리는 뭔가요?	What's today's special?
점심 특선 메뉴가 있나요?	Do you have a lunch special?
이 지역 명물 음식이 뭔가요?	What's the best local food?
이것 좀 설명해 주시겠어요?	Would you explain this one?
저 손님들이 드시는 게 뭐죠?	What's that dish over there?

UNIT 79
🍽 식당

What would you like?
어떤 걸로 드시겠어요?

I'd like seafood spaghetti.
해산물 스파게티 주세요.

음식 주문

MP3 듣기

어떤 걸로 드시겠습니까?	What would you like to have?
뭘 주문해야 할지 모르겠어요.	I don't know what to order.
이걸로 할게요.	I'll take this one.
저도 같은 걸로 할게요.	I'll have the same.
저도 그걸로 주세요.	Make it two, please.
저 사람들이 먹는 걸로 주세요.	I'll have what they're having.
더 필요한 거 있으세요?	Anything else?
지금은 그걸로 됐어요.	That's all for now.

83

UNIT 80

🍽 식당

I don't think I ordered this.
이건 주문 안 한 것 같은데요.

This is on the house.
이건 서비스입니다.

주문 후에

MP3 듣기

제가 주문한 건 어떻게 됐나요?	What happened to my order?
주문한 음식이 아직 안 나왔어요.	My order hasn't come yet.
오래 기다려야 하나요?	Do I have to wait for a long time?
빨리 좀 부탁합니다.	Please rush my order.
주문하셨나요?	Have you been helped?
30분째 기다리고 있어요.	We've been waiting for 30 minutes.
제가 주문한 게 아닌데요.	This is not what I ordered.
주문을 변경해도 되나요?	Can I change my order?

UNIT 81

🍽️ 식당

> **Can I have an extra plate, please?**
> 접시 하나 더 주실래요?

> **Sure, here you are.**
> 네, 여기 있습니다.

추가 요청

MP3 듣기

물 좀 더 주실래요?	Can I have some more water?
물티슈 좀 주실래요?	Can I get some wet tissues?
포크를 떨어뜨렸어요.	I dropped my fork.
숟가락을 떨어뜨렸어요.	I dropped my spoon.
새로 갖다 주실래요?	Can I get a new one?
소스 좀 더 주실래요?	Can I have more sauce?
냅킨 좀 주실래요?	Can I have some napkins?
접시 좀 치워 주실래요?	Could you take the dishes away?

How would you like your steak?
스테이크는 어떻게 익혀 드릴까요?

Medium, please
중간 정도로 익혀 주세요.

스테이크 주문

MP3 듣기

티본 스테이크 주문할게요.	I'll have a T-bone steak.
바싹 익혀 주세요.	Well-done, please.
고기가 덜 익었어요.	It's still pink.
너무 질겨요.	It's too tough.
매우 연해요.	It's very tender.
덜 익었어요.	It's undercooked.
너무 익었어요.	It's overcooked.
좀 덜 익었어요.	It's not cooked enough.

UNIT 83

🍽 식당

Would you like some dessert?
디저트 드시겠어요?

No, thank you.
아니요, 감사합니다.

후식 주문

MP3 듣기

다 드셨나요?	Are you finished?
후식은 뭐로 하시겠어요?	What would you like for dessert?
뭐가 있는데요?	What do you have?
후식은 뭐가 있나요?	What do you have for dessert?
커피로 주세요.	I'd like some coffee, please.
아이스크림으로 주세요.	I'll have some ice cream, please.
디저트는 안 먹을래요.	I think I'll pass on dessert.
감사하지만 사양할게요.	Thanks, but I'll pass.

🍽 식당

Let's split the bill.
나눠서 계산합시다.

How much is my share?
제가 내야 할 금액은 얼마죠?

계산하기

MP3 듣기

선불로 내야 하나요?	Do I have to pay in advance?
계산서 부탁합니다.	Check, please.
같이 계산해 주세요.	All together, please.
다 합쳐서 얼마인가요?	How much is it in total?
전부 다 해서 50달러입니다.	Your total comes to $50.
각자 따로 계산할게요.	Separate checks, please.
각자 계산해 주실래요?	Could you split the bill?
영수증 주시겠어요?	Can I have a receipt?

Can I have a doggy bag, please?
남은 음식 좀 싸 주실래요?

I'll have that ready in a minute.
금방 준비해 드릴게요.

포장·계산

이것 좀 싸 주실래요?	Can you wrap this up, please?
남은 음식을 포장해 주실래요?	Can I get a to-go box?
따로따로 싸 주세요.	Please pack them separately.
계산서가 잘못되었어요.	There is a mistake in the bill.
거스름돈을 잘못 주신 것 같아요.	I think you gave me the wrong change.
잔돈을 잘못 받은 것 같아요.	I think I got the wrong change.
팁이 포함되어 있나요?	Is the tip included?
세금이 포함된 가격인가요?	Does the price include tax?

For here or to go?
여기서 드세요, 아니면 가져가세요?

To go, please.
가져갈 겁니다.

패스트푸드 1

MP3 듣기

2번 세트 주세요.	Combo number 2, please.
햄버거와 감자튀김 주세요.	I'll have a burger and fries.
가져가실 건가요?	Do you want it to go?
여기서 먹을 겁니다.	For here, please.
여기서 먹을 겁니다.	I'll have it here.
포장이 되나요?	Can I get that to go?
1번 세트 포장해 주세요.	Combo number 1 to go, please.
햄버거 두 개 포장해 주세요.	Two hamburgers to go, please.

Do you want it with everything?
모두 넣어 드릴까요?

Hold the onions, please.
양파는 빼고 주세요.

패스트푸드 2

MP3 듣기

마요네즈는 빼 주세요.	Hold the mayo, please.
피클은 빼 주세요.	Hold the pickles, please.
마요네즈는 조금만 넣어 주세요.	Take it easy on the mayo.
양파는 조금만 넣으세요.	Go easy on the onions.
머스터드는 넣지 마세요.	No mustard, please.
얼음은 넣지 마세요.	No ice, please.
얼음 없이 콜라 하나 주세요.	I'll have a Coke with no ice.
리필이 되나요?	Can I get a refill?

Would you like to taste it?
맛 좀 보실래요?

Let's see. It's too sweet.
어디 보자. 너무 달아요.

음식 맛 표현

너무 맵지 않게 해 주세요.	Not too spicy, please.
조금 덜 맵게 해 주세요.	Please make it less spicy.
맛 좀 볼래요?	Do you want to try?
맛이 너무 좋아요.	It tastes so good.
맛이 없어요.	It tastes bad.
싱거워요.	It's bland.
너무 짜요.	It's too salty.
너무 느끼해요.	It's too greasy.

커피숍에서 1

MP3 듣기

어떤 걸로 드릴까요?	What can I get for you?
아메리카노 한 잔 주세요.	One Americano, please.
아이스 아메리카노 한 잔 주세요.	One Iced Americano, please.
카푸치노 한 잔 주세요.	One Cappuccino, please.
사이즈는 어떤 걸로 하시겠어요?	What size do you want?
작은 걸로 주세요.	Make it small, please.
제일 큰 걸로 주세요.	I'll have the biggest one.
샷 하나 더 추가해 주세요.	Please add one more shot.

Do you want whipped cream on it?
휘핑크림 올려 드릴까요?

No whipped cre
please.
휘핑크림은 빼 주세요

커피숍에서 2

MP3 듣기

톨 사이즈 아메리카노 한 잔이요. 가져갈게요.	A tall Americano to go, please.
아이스 아메리카노 한 잔이요. 여기서 마실겁니다.	One Iced Americano for here, please.
아이스 아메리카노 두 잔이요. 가져갈게요.	Two Iced Americanos to go, please.
카푸치노 작은 거 한 잔이요. 가져갈게요.	One small cappuccino to go, please.
휘핑크림 많이 주세요.	A lot of whipped cream, please.
블루베리 머핀 하나 추가할게요.	I'd like to add a blueberry muffin.
컵 홀더 좀 주실래요?	Can I get a cup sleeve?
담아갈 거 하나 주실래요?	Can I get a carrier?

What can I get you?
어떤 걸로 드릴까요?

Do you have draft beer?
생맥주 있나요?

맥주집에서

MP3 듣기

어떤 맥주가 있나요?	What kind of beers do you have?
생맥주 한 잔 주세요.	A draft beer, please.
생맥주 두 잔 주세요.	Two drafts of beer, please.
생맥주로는 어떤 게 있나요?	What do you have on tap?
병맥주 있나요?	Do you have any bottled beer?
산 미구엘 마실게요.	I'll have a San Miguel.
기네스 한 잔 주세요.	A pint of Guinness, please.
한 병에 얼마예요?	How much is a bottle?

UNIT 92

🍽 식당

What would you like to drink?
어떤 술로 하시겠어요?

Show me the wine list, please.
와인 목록 좀 보여 주세요.

와인바에서

와인은 어떤 종류가 있나요?	What kind of wines do you have?
레드와인 한 잔 주세요.	A glass of red wine, please.
인기 있는 와인 좀 추천해 주실래요?	Can you recommend a popular wine?
단맛이 나는 게 있나요?	Do you have anything sweet?
이 요리에 어떤 와인이 어울리나요?	Which wine goes with this dish?
잔으로 주문되나요?	Can I order it by the glass?
스카치위스키 한 잔 주세요.	Give me a Scotch, please.
얼음을 넣어서 주세요.	On the rocks, please.

How should I take this medicine?
이 약은 어떻게 복용해야 하나요?

Take it 30 minutes after each meal.
식후 30분 후에 복용하세요.

약국에서

MP3 듣기

이 처방전대로 약을 지어 주실래요?	Could you fill this prescription?
감기약 좀 주실래요?	Can I get some cold medicine?
두통약 있나요?	Do you have anything for a headache?
진통제 있나요?	Do you have any painkillers?
소화제 좀 주세요.	I'd like something for indigestion.
소화제 좀 주실래요?	Can I get some digestive medicine?
멀미약 좀 주세요.	I need something for motion sickness.
일회용 반창고 있나요?	Do you have a Band-Aid?

What seems to be the problem?
어디가 아프신가요?

I have an upset stomach.
배탈이 났어요.

병원에서

MP3 듣기

얼마나 기다려야 하나요?	How long do I have to wait?
증상이 어떠세요?	What are your symptoms?
그 상태가 얼마나 지속되었나요?	How long have you been that way?
이틀 정도 되었어요.	It's been about two days.
체온을 측정하겠습니다.	Let me check your temperature.
전에도 이랬던 적 있었나요?	Have you had this before?
알레르기 같은 거 있으세요?	Do you have any allergies?
복용하고 계시는 약이 있나요?	Are you taking any medication?

I've had diarrhea for days.
며칠 동안 설사를 하고 있어요.

This medication will help you.
이 약이 효과가 있을 거예요.

신체 증상

MP3 듣기

열이 좀 있어요.	I have a slight fever.
눈이 간지러워요.	My eyes are itchy.
목이 뻐근해요.	My neck is stiff.
입술에 물집이 생겼어요.	I got a blister on my lip.
등에 발진이 생겼어요.	I have a rash on my back.
다리가 저려요.	My foot fell asleep.
왼쪽 다리에 쥐가 났어요.	I've got a cramp in my left leg.
벌레에 물렸어요.	I have a bug bite.

UNIT 98

🏛 긴급

> **I sprained my ankle. It really hurts.**
> 발목을 삐었어요. 너무 아파요.

> **Let me take a look. Does this hurt?**
> 어디 한번 보자. 여기가 아파?

통증 표현

MP3 듣기

머리가 너무 아파요.	I have a terrible headache.
머리가 빙빙 돌아요.	My head is spinning.
배가 아파요.	My stomach hurts.
배가 쑤시듯이 아파요.	I have a sharp pain in my stomach.
몸살이 났어요.	I ache all over.
치통이 너무 심해요.	I have a bad toothache.
허리가 너무 아파요.	My back is killing me.
여기 근처가 아파요.	It hurts around here.

UNIT 99

🔥 긴급

> **I think I lost my passport.**
> 여권을 잃어버린 것 같아요.

> **Let's call the Korean embassy.**
> 한국 대사관에 전화해 봅시다.

 분실

 MP3 듣기

재발급해 주세요.	I want to have it reissued.
지갑을 잃어버린 것 같아요.	I think I lost my wallet.
열차에 가방을 두고 내렸어요.	I left my bag on the train.
택시에 지갑을 두고 내렸어요.	I left my wallet in a taxi.
어디서도 찾을 수가 없어요.	I can't find it anywhere.
어디에 뒀는지 기억이 안 나요.	I can't remember where I left it.
어디서 잃어버렸는지 잘 모르겠어요.	I'm not sure where I lost it.
마지막으로 본 게 언제죠?	When did you see it last?

UNIT 100
🏛 긴급

> **I had my wallet stolen.**
> 지갑을 도둑맞았어요.

> **Let me call the police.**
> 경찰을 부를게요.

도난

MP3 듣기

가방을 도난당했어요.	My bag was stolen.
누가 제 가방을 가져갔어요.	Someone took my bag.
가방을 어디에 두셨나요?	Where did you put your bag?
소매치기야! 저 놈 잡아라!	Pickpocket! Stop him!
소매치기를 당했어요.	I had my pocket picked.
도난 신고를 하고 싶어요.	I want to report a theft.
찾는 것 좀 도와주실래요?	Can you help me find it?
제 신용카드를 정지시켜 주세요.	Cancel my credit card, please.

104